이은경쌤의 **초등 글쓰기 완성** 시리즈

구분	1학년	2학년	3학년	4학년	5학년	6학년	중1
글쓰기 습관			Best! 세줄쓰기 초등 글쓰기의 시작				
	전래동화 바꿔쓰기	전래동화 바꿔쓰기					
			주제 일기쓰기	주제 일기쓰기			
독서 습관	기본 책읽고쓰기	기본 책읽고쓰기					
			심화 책읽고쓰기	심화 책읽고쓰기			
글쓰기 심화	표현글쓰기	표현글쓰기					
			자유글쓰기	자유글쓰기			
					생각글쓰기	생각글쓰기	
논술 대비	왜냐하면 글쓰기	왜냐하면 글쓰기	왜냐하면 글쓰기				
			기본 교과서논술	기본 교과서논술			
			논술 쓰기	논술 쓰기			
					심화 교과서논술	심화 교과서논술	
평가 대비			기본 주제 요약하기	기본 주제 요약하기			
					심화 주제 요약하기	심화 주제 요약하기	
					수행평가 글쓰기	수행평가 글쓰기	
영어 글쓰기	영어 한줄쓰기	영어 한줄쓰기	영어 한줄쓰기				
			영어 세줄쓰기*	영어 세줄쓰기*	영어 세줄쓰기*		
					영어 일기쓰기*	영어 일기쓰기*	

별표(*) 표시한 도서는 출간 예정입니다.

 **이은경쌤의 초등 글쓰기 완성 시리즈 교재 선택 가이드**

- 앞장의 가이드맵을 보면서 권장 학년에 맞추거나 목적에 따라 선택하세요.
- 〈책읽고쓰기〉〈교과서논술〉〈주제 요약하기〉처럼 기본편과 심화편으로 구성된 경우에는 기본편과 심화편을 둘 다 해도 되고, 권장 학년에 맞추어 둘 중 하나만 골라서 해도 돼요.

몇 학년이든 모든 글쓰기는 〈세줄쓰기〉로 시작해요

글쓰기 습관이 필요하다면?

〈전래동화 바꿔쓰기〉
〈주제 일기쓰기〉

+

독서 습관이 필요하다면?

〈 기본 책읽고쓰기〉
〈 심화 책읽고쓰기〉

글쓰기 습관과 독서 습관을 모두 갖추었다면?

〈표현글쓰기〉 〈왜냐하면 글쓰기〉 〈자유글쓰기〉 〈생각글쓰기〉

이제 논술과 수행평가를 대비할 차례! 무엇부터 해야 할까요?

논술을 대비하고 싶다면?

〈 기본 교과서논술〉
〈 심화 교과서논술〉
〈논술 쓰기〉

+

수행평가를 대비하고 싶다면?

〈 기본 주제 요약하기〉
〈 심화 주제 요약하기〉
〈수행평가 글쓰기〉

영어도 대비하고 싶다면? 〈영어 한줄쓰기〉 〈영어 세줄쓰기〉* 〈영어 일기쓰기〉*

별표(*) 표시한 도서는 출간 예정입니다.

이은경쌤의
초등 글쓰기 완성 시리즈

전체 학년 권장

세줄쓰기

하루 세 줄로 **글쓰기 기초 체력**을 길러요

이은경쌤의
초등 글쓰기 완성 시리즈

전체 학년 권장

세줄쓰기

하루 세 줄로 글쓰기 기초 체력을 길러요

이은경 지음

상상아카데미

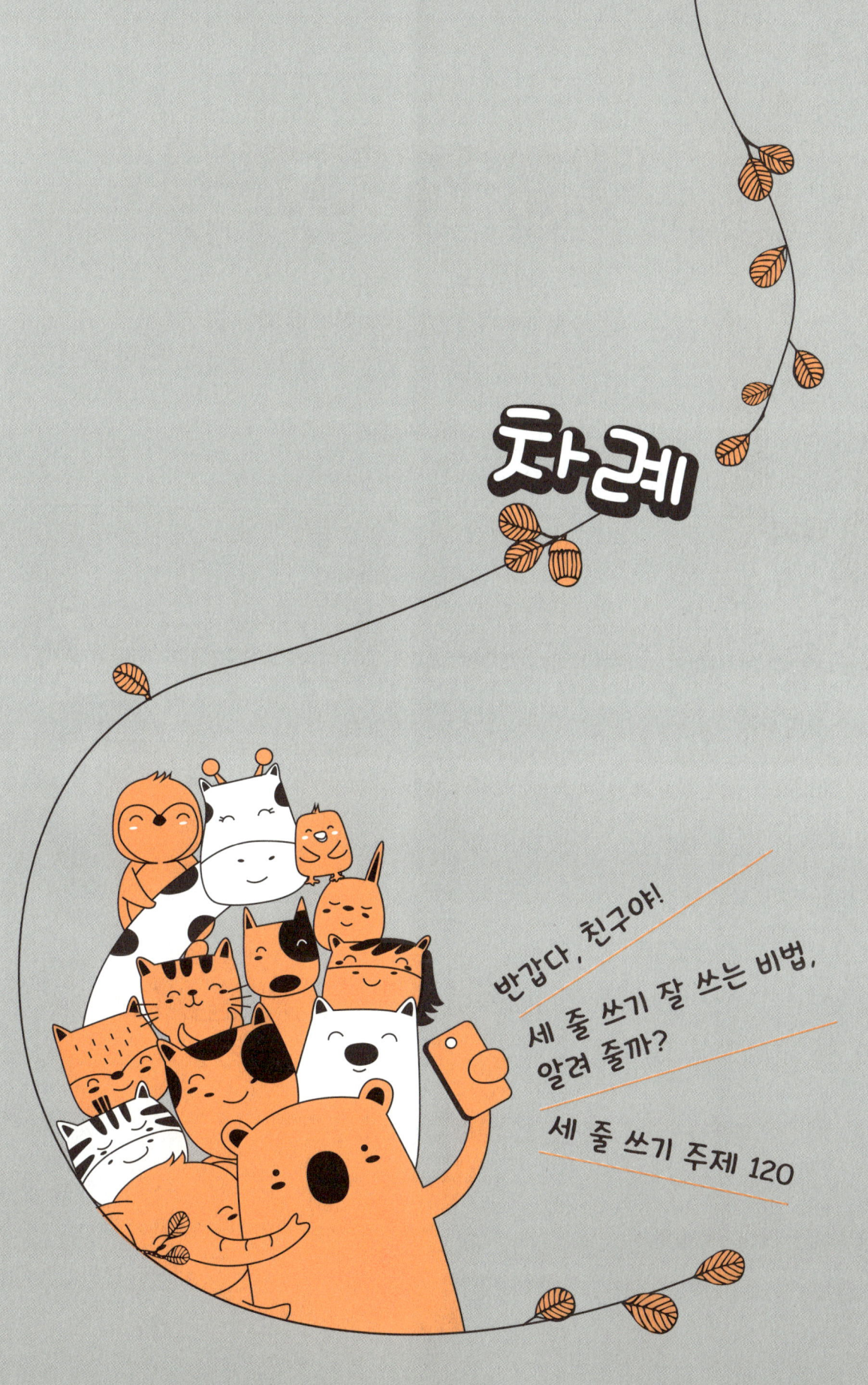

반갑다, 친구야!

안녕!

나는 오늘부터 너와 매일 즐겁게 이야기 나누고
함께 글을 쓰게 될 이은경 선생님이라고 해.
선생님의 이름은 이은경이지만
작가 이름은 '애호박을 사랑하는 예쁜 작가'야.
선생님은 애호박을 정말 좋아하거든.

아, 그리고 선생님은 이렇게 생겼어.
애호박과 비슷하다고?
정답!

이제 우리는 으쌰으쌰 힘을 내어 모두 120편의
세 줄 쓰기를 할 거야.
헉, 120편? 너무 많다고?
그래서 함께 쓰자는 거지!
함께 쓰면 끝까지 쓸 수 있을 거야.
너무 겁먹지 않아도 괜찮아.

세 줄 쓰기를 하기 전에 선생님은 먼저 너에 대해 알고 싶어.
우리가 서로 잘 알고 친한 사이가 되면 세 줄 쓰기를 할 때도
훨씬 재미있을 것 같아.
아주 잠시만 너에 관한 이야기를 들려 줄래?

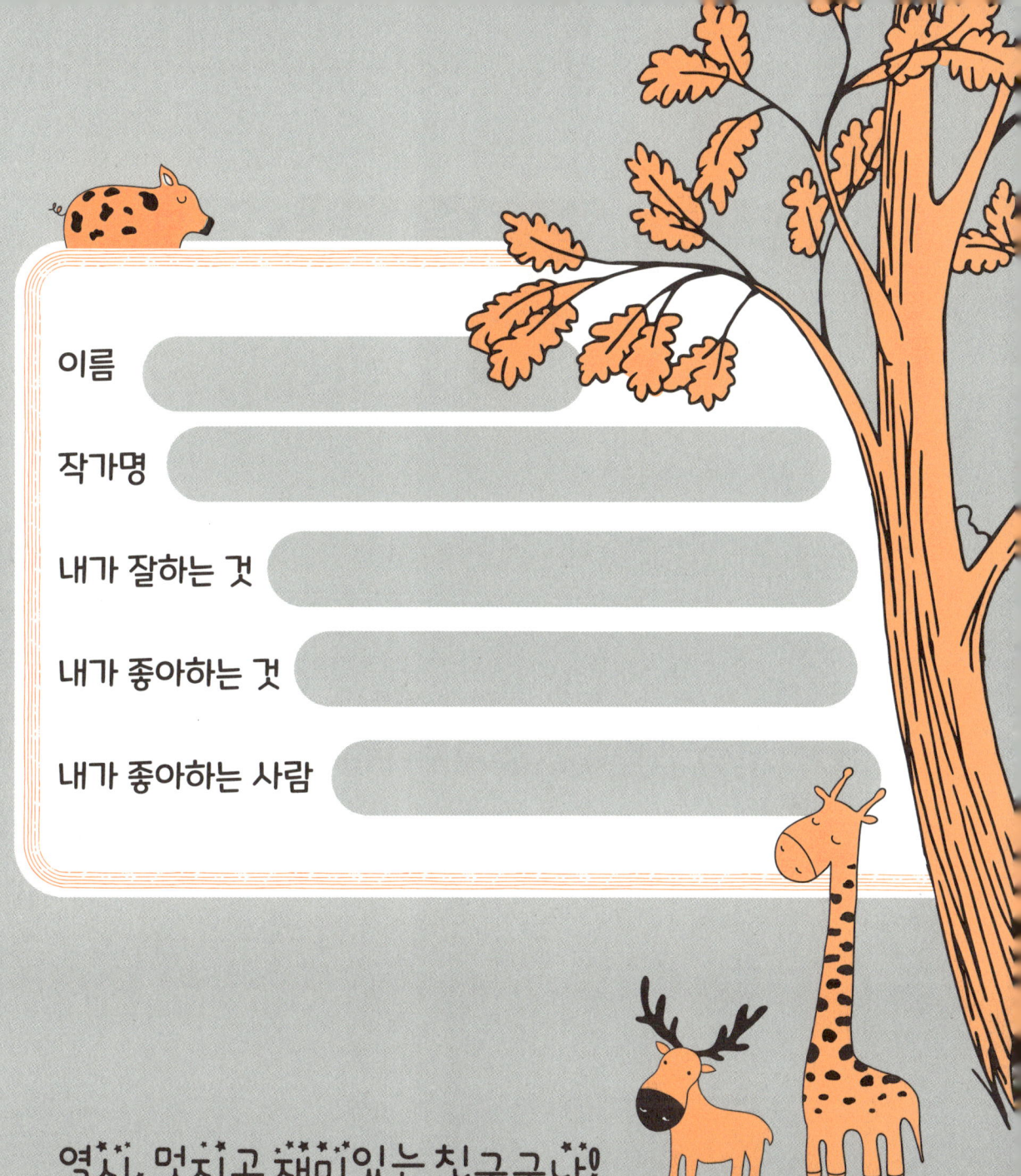

이름
작가명
내가 잘하는 것
내가 좋아하는 것
내가 좋아하는 사람

역시, 멋지고 재미있는 친구구나!

   자, 그럼 우리 함께 120편의 세 줄 쓰기를 시작해 볼까?
이게 끝날 즈음 우리는 분명히 세 줄 쓰기의 달인이 되어 있을 거야.
정말 기대되는데?

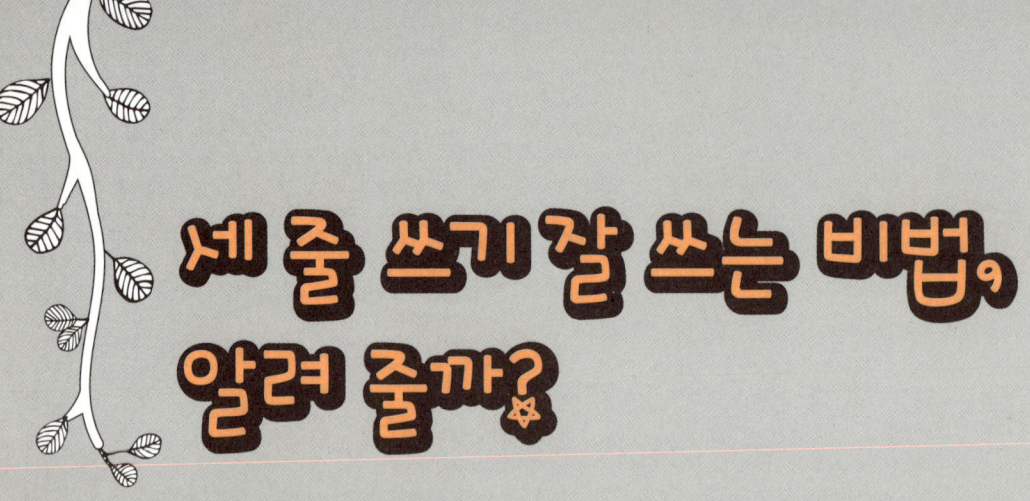

세 줄 쓰기 잘 쓰는 비법, 알려 줄까?

세 줄 쓰기? 세 줄만?
정말 세 줄만 써도 된다고?

『세 줄 쓰기』라는 이 책의 제목을 본 순간, 너는 정말 기분이 좋아졌을 거야.
적어도 열 줄은 써야 한다거나, 한 쪽을 꽉 차게 써야 한다거나,
더 많이 쓰라거나 하는 아빠, 엄마, 선생님의 요구 때문에 그동안
힘들었을 테니까 말이야.

이제 그런 걱정은 끝!
많이 쓰려고 애쓰지 말고, 재미있게, 만만하게 쓰다 보면
글솜씨가 쑥쑥 늘어날 테니까 말이야.
세 줄 쓰기를 멋지게, 재미있게, 잘 쓰고 싶은 너에게
그 비법을 살짝 알려 줄게.

첫째, 마음에 드는 주제를 선택해.

이곳에는 모두 120개의 세 줄 쓰기 주제가 들어 있어.

1번부터 쓰는 거냐고? 아니!

오늘부터 쓸 세 줄 쓰기의 주제는 날마다 네가 원하는 개수만큼 고르면 돼.

주제를 고를 때는 고민하지 않고 바로 쓱쓱 쓸 수 있을 것 같은 만만한 주제가 좋아.

둘째, 위쪽에 있는 예시글을 읽어 봐.

쓰는 게 아니고 읽으라고? 맞아, 맞아. 일단 읽어 봐.

위쪽의 예시글은 어디서부터 어떻게 시작해야 할지 막막한 너를 위한

이은경 선생님의 특급 선물이야. 마음에 드니?

세 줄을 꽉 채운 예시글도 있고, 첫 줄만 채운 예시글도 있어.

첫 줄만 주는 이유는 네가 글을 어떻게 시작할 수 있는지 아이디어만 주기 위해서야.

남은 빈칸은 채우지 않아도 돼.

셋째, 아래쪽에다가 너만의 글을 채워 봐.

위쪽의 예시글을 읽어 보면 어떻게 쓰라는 건지 느낌이 올 거야.

위쪽에 있는 똑같은 질문에 너의 생각을 세 줄만 적으면

어느새 뚝딱 세 줄 쓰기가 완성되어 있을 거야.

그렇게 하나를 쓰고 나서 더 쓸 수 있겠다 싶으면

하나만 더 골라서 쓰면 되는 거고.

세 줄 쓰기 주제 120

여기, 세 줄 쓰기를 해 볼 수 있는
120개의 재미있는 주제가 있어.
1번부터 순서대로 쓰는 거냐고?
아니!
120개의 주제를 뒤적이다가
네 마음에 드는 만만한 주제가 보이면
그것부터 시작하면 돼.
뚝딱, 다 썼다고?
그럼 또 다른 주제를 골라
세 줄만 뚝딱 쓰면 돼!

자,
시작해 볼까?

내 마음대로 1만 원을 쓸 수 있다면?

 편의점에서 네 마음대로 1만 원을 쓸 수 있다면 무엇을 살 거야?

먼저 젤리 두 봉지를 살 거야. 한 봉지에 1,500원이니까 두 봉지에 3,000원이겠지. 매

일 먹고 싶었던 2,000원짜리 큼직한 초콜릿맛 우유를 하나 더 사면 5,000원이 남는데,

그 5,000원으로는 주말에 먹을 불닭볶음면과 바나나맛 우유를 살 거야. 아, 행복해!

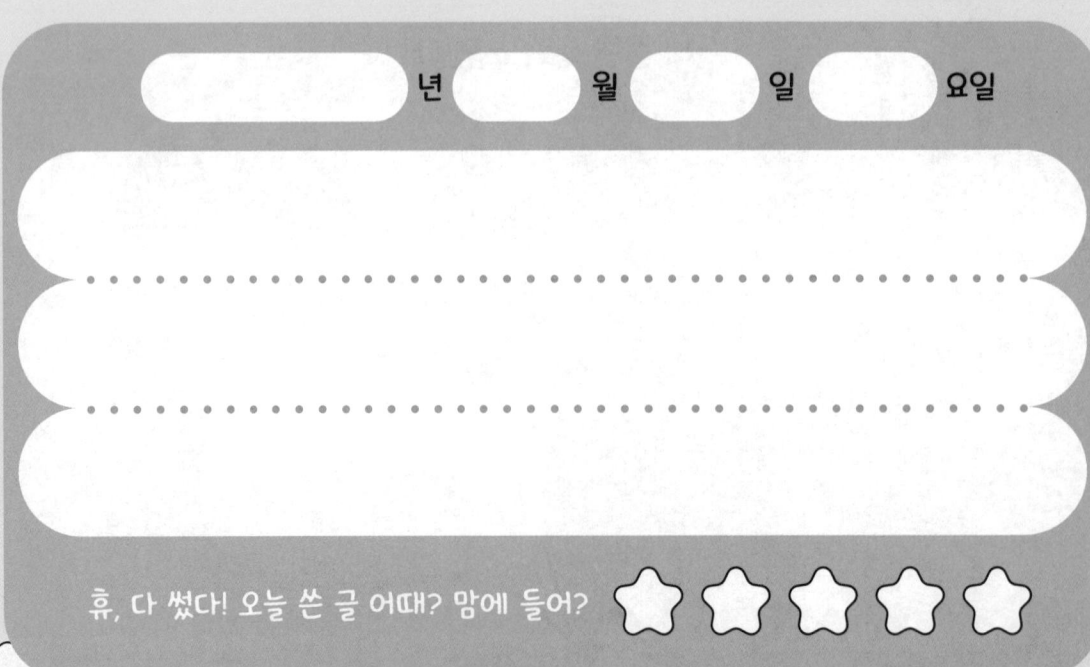

002 갑자기 하늘에서 새하얀 눈이 쏟아진다면?

우아, 지금 네 머리 위로 갑자기 새하얀 눈이 쏟아진다면, 그 눈으로 뭐부터 할 거야?

와, 생각만 해도 기분이 좋아지는 느낌! 눈에는 눈오리!

년   월   일   요일

휴, 다 썼다! 오늘 쓴 글 어때? 맘에 들어? ☆☆☆☆☆

 ## 우리 집에서 가장 멋진 사람은?

너희 집에서 가장 멋진 사람은 누구라고 생각해? 어떤 점이 멋져 보이니?

아빠, 엄마도 멋지지만, 우리 집에서 가장 멋진 사람은 나라고 생각해. 일단 나는 얼굴이 잘생겼고, 웃는 모습이 매력적이라는 이야기도 정말 많이 듣거든. 또 나는 스마트폰 게임을 굉장히 잘하는데, 그 모습도 좀 멋지다고 생각해.

년   월   일   요일

휴, 다 썼다! 오늘 쓴 글 어때? 맘에 들어? ★★★★★

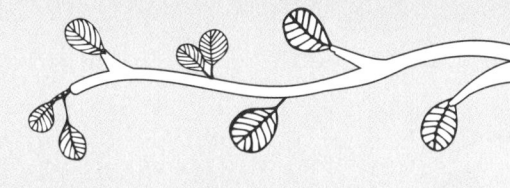

004 딱 한 가지 음식만 먹을 수 있다면?

 지금 네가 원하는 음식 딱 한 가지만 먹을 수 있다면 무엇을 먹을래?

한 가지라면 무조건 떡볶이! 떡볶이! 떡볶이!!!!!!

년   월   일   요일

휴, 다 썼다! 오늘 쓴 글 어때? 맘에 들어? ★★★★★

초호화 크루즈 여행을 떠난다면?

7박 8일 초호화 크루즈 여행을 떠난다면, 배에서 무엇을 가장 하고 싶어?

나는 배에 있는 수영장에서 수영을 하고 싶어. 넓은 바다를 보면서 수영장에서 수영

하는 기분은 정말 좋을 거야. 수영을 하다가 지치면 시원한 주스 한 잔 마셔야지.

내가 좋아하는 알로에 주스를 질릴 때까지 실컷 마실 거야.

년　　월　　일　　요일

휴, 다 썼다! 오늘 쓴 글 어때? 맘에 들어? ☆☆☆☆☆

006 애국가 1절 가사를 바꿀 수 있다면?

 애국가 1절 가사를 바꿀 수 있다면 어떻게 바꿀지 적어 줄래?

어린이가 행복한 대한민국, 공부하지 않아도 행복하게 살 수 있는 나라.

년　　월　　일　　요일

휴, 다 썼다! 오늘 쓴 글 어때? 맘에 들어?

투명 인간으로 변신한다면?

투명 인간으로 변신한다면, 가장 먼저 가고 싶은 곳은 어디이고, 그곳에서 무엇을 할 거야?

우리 아빠, 엄마가 주무시는 방에 몰래 들어가 그 사이에서 잠들고 싶어. 엄마는

항상 나랑 같이 잤었는데, 요즘은 나보고 따로 자라고 하셔서 서운하고 무섭거든.

이제 내가 많이 커서 그러는 거라고 하시지만 난 혼자 자고 싶지 않다고!

　　　　년　　　월　　　일　　　요일

휴, 다 썼다! 오늘 쓴 글 어때? 맘에 들어? ☆☆☆☆☆

008 색다른 초콜릿을 만든다면?

색다른 초콜릿을 만든다면 어떤 맛, 어떤 색, 어떤 모양의 초콜릿을 만들고 싶어?

딸기가 듬뿍 들어간 빨간색 초콜릿을 만들고 싶어.

년   월   일   요일

휴, 다 썼다! 오늘 쓴 글 어때? 맘에 들어?

강아지가 우리 집 식구가 되었다면?

세상에서 가장 귀여운 강아지(혹은 고양이)가 새 식구가 되었다고 상상해 봐. 새 식구와 함께 무엇을 하고 싶어?

와, 상상만 해도 기분이 좋아. 나는 4년 전부터 강아지를 키우고 싶다고 졸랐는데

엄마는 안 된다며 허락을 안 해 주시거든. 강아지가 우리 식구가 된다면 예쁜 강

아지 옷을 사러 갈 거야. 마침 우리 동네에 강아지 옷가게가 새로 문을 열었더라고.

년   월   일   요일

휴, 다 썼다! 오늘 쓴 글 어때? 맘에 들어? ☆☆☆☆☆

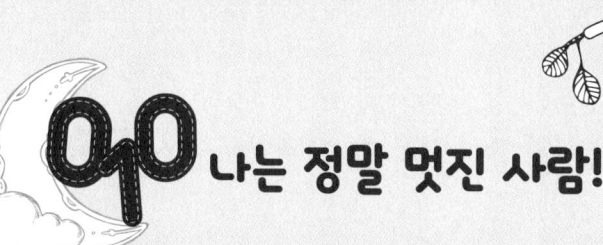 나는 정말 멋진 사람!

 오늘은 스스로를 칭찬하는 날. 네가 얼마나 멋진 사람인지 얘기해 볼래?

나는 일단 정말 많이 먹어. 배부르다는 말을 한 적이 없는 사람이라니까.

　　　년　　　월　　　일　　　요일

휴, 다 썼다! 오늘 쓴 글 어때? 맘에 들어?

산타 할아버지께 받고 싶은 크리스마스 선물은?

올해 크리스마스에 산타 할아버지께 가장 받고 싶은 선물은?

산타 할아버지께서 이런 선물을 어디서 구해오실지 걱정스럽긴 한데, 어쨌거나 뭐든

바라는 걸 주시는 분이라면 나는 인형 뽑기 기계를 받고 싶어. 할아버지, 할머니께

인형을 잔뜩 선물해달라고 부탁드려서 기계에 인형을 가득 채우고 매일 뽑고 싶거든.

　　　　　　년　　月　　일　　요일

휴, 다 썼다! 오늘 쓴 글 어때? 맘에 들어?　☆☆☆☆☆

02 나에게 핫도그가 있다면?

 지금 너에게 핫도그가 3개 있다면 누구와 함께 먹을 거야?

혼자 다 먹을래!

년   월   일   요일

휴, 다 썼다! 오늘 쓴 글 어때? 맘에 들어?

우리 반에 들어간 순간!

오늘 아침, 교실에 들어간 순간 네 눈에 보인 모든 것을 글로 표현해 볼까? 누가 무엇을 하며 어떤 소리가 나고 있었니?

오늘은 좀 더웠어. 학교에 늦을까 봐 땀을 흘리며 뛰어갔는데 교실에 들어서니 선풍기

바람이 시원해서 기분이 좋았어. 친구들도 더웠는지 시원한 선풍기 아래에 모여 재잘

재잘 떠들고 있었어. 시끄럽고 시원했어.

년   월   일   요일

휴, 다 썼다! 오늘 쓴 글 어때? 맘에 들어? ☆☆☆☆☆

04 내 인생 최대의 비밀은?

네 인생의 최대 비밀은 뭐야? 숨기고 싶었는데 숨기지 못한 비밀도 괜찮아!

정말 숨기고 싶었던 비밀이 하나 있긴 한데, 이미 들켜버린 것 같아.

년   월   일   요일

휴, 다 썼다! 오늘 쓴 글 어때? 맘에 들어?

 ## 우리 엄마가 나에게 자주 하는 말은?

엄마께서 너에게 가장 자주 하는 말은 뭐야? 그럴 때 너는 어떤 기분이야?

"우리 아가, 언제쯤 일어날 거니?" 아침에 일어나기 힘들어서 내가 뭉그적거릴 때마다 엄마는 내게 이렇게 물어 보셔. 언제 일어날지는 나도 정확히 모르는데 말이야. 엄마는 물어 보시면서 항상 내 다리를 쓰다듬어 주셔. 난 강아지가 된 기분이 들지.

년 월 일 요일

휴, 다 썼다! 오늘 쓴 글 어때? 맘에 들어? ★★★★★

06 대통령과 만나 아이스크림을 먹는다면?

대통령과 만나 아이스크림을 먹는다면 무슨 맛을 먹을 거니? 또, 대통령에게 가장 잘 어울리는 아이스크림은 무슨 맛이라고 생각해?

나는 대통령을 만나면 내가 제일 좋아하는 민트 초콜릿맛 아이스크림을 먹을 거야.

년   월   일   요일

휴, 다 썼다! 오늘 쓴 글 어때? 맘에 들어? ★★★★★

# 내가 가장 즐겨 보는 유튜브 채널은?

네가 가장 즐겨 보는 유튜브 채널이 궁금해! 그 채널에는 주로 무엇에 관한 영상이 자주 올라오니?

내가 요즘 가장 열심히 보는 채널은 '흔한남매'야. 주인공은 으뜸이와 다운이인데, 두 사람은 실제 남매는 아니지만 남매처럼 매일 신기하고 재미있는 장난을 골라서 치는 영상이 자주 올라 와. 그중에서 나는 몰래카메라 영상을 가장 좋아해.

018 갑자기 우리 집에 온 사람은 누구?

딩동! 집에서 혼자 유튜브를 보고 있는데 갑자기 들리는 초인종 소리. 집에 올 사람이 없는데 도대체 누가 온 걸까?

"누구세요?"라고 물어 보니 "나야!" 하며 내가 그동안 가장 보고 싶어했던 사람이

나타났어.

년   월   일   요일

휴, 다 썼다! 오늘 쓴 글 어때? 맘에 들어? ☆☆☆☆☆

사우디아라비아에 사는 친구에게 선물을 보낸다면?

저 멀리 사우디아라비아에 사는 친구에게 선물을 보낸다면 뭐가 좋을까?

사우디아라비아는 덥고 모래바람이 많이 불기로 유명한 나라래. 그래서 모래바람을 피하기에 좋은 선물을 보내고 싶어. 바로 헬멧이야. 헬멧을 오토바이 탈 때만 쓰기에는 너무 아깝지. 헬멧을 쓰면 어떤 더위나 모래바람에도 끄떡없을 거야.

년   월   일   요일

휴, 다 썼다! 오늘 쓴 글 어때? 맘에 들어? ☆☆☆☆☆

 공부하기 싫은데도 내가 공부하는 까닭은?

 공부하기 싫은데도 네가 공부를 하는 까닭은 뭐라고 생각해?

공부하기 싫은 것을 꾹 참고 하면 엄마한테 혼날 일이 없잖아!!!

년   월   일   요일

휴, 다 썼다! 오늘 쓴 글 어때? 맘에 들어?

 ## 내 인생 최악의 순간은?

 네 인생 최악의 순간은 언제였니?

그건 바로 올해 3월에 있었던 부반장 선거에서 2표를 받았던 순간이야. 나는 적어도 '5표 정도는 나오지 않을까?' 하고 내심 기대했었거든. 그런데 기가 막히게도 단 2표 밖에 나오지 않았어. 그중 1표는 내가 내 이름을 썼다는 사실에 더 큰 자괴감이….

　　　　　　년　　　월　　　일　　　요일

휴, 다 썼다! 오늘 쓴 글 어때? 맘에 들어?　☆☆☆☆☆

02. 오늘 하루를 한 단어로 표현한다면?

오늘 하루를 한 단어로 표현한다면 어떤 단어를 선택할 거야? 그 단어는 오늘 네게 어떤 의미였니?

오늘은 '짜파게티'야.

년   월   일   요일

휴, 다 썼다! 오늘 쓴 글 어때? 맘에 들어?

 ## 북한에 사는 친구에게 음료를 선물한다면?

🐄 **북한에 사는 친구에게 음료수 한 병을 선물로 보낼 수 있다면 어떤 음료수를 보내는 게 좋을까?**

내가 제일 좋아하는 알로에 주스를 보내야지. 주스 안에는 탱글탱글한 알로에 알갱이가 있어서 마실 때마다 씹혀. 이게 엄청나게 재미있더라고. 북한에는 이런 알로에 주스가 없을 것 같아. 북한 친구들도 이 재미를 꼭 느껴 봤으면 좋겠어!

년   월   일   요일

휴, 다 썼다! 오늘 쓴 글 어때? 맘에 들어? ☆☆☆☆☆

024 내 마음대로 시간표를 바꾼다면?

 내일 있을 학교 수업 시간표를 네 마음대로 바꿔 볼래?

체육! 1교시부터 마지막 수업까지 다 체육!

　년　　월　　일　　요일

휴, 다 썼다! 오늘 쓴 글 어때? 맘에 들어? ☆☆☆☆☆

# 암탉과 수탉이 싸우는 이유는?

암탉과 수탉이 씩씩대며 싸우고 있어. 둘은 도대체 왜 싸우는 걸까?

둘은 10년 차 부부야. 결혼할 때만 해도 서로를 열렬히 사랑하고 아꼈어. 그러나 안타깝게도 서로를 날지 못하는 닭이라고 놀리다가 사이가 나빠졌지. 사실 둘에게는 하늘을 훨훨 날고 싶은 마음이 있었거든.

년   월   일   요일

휴, 다 썼다! 오늘 쓴 글 어때? 맘에 들어? ☆☆☆☆☆

026 내가 변신할 수 있다면?

이 세상에 네가 아는 사람 중 한 사람으로 변신할 수 있다면 누가 되고 싶어?

'블랙핑크'의 '제니'.

년   월   일   요일

휴, 다 썼다! 오늘 쓴 글 어때? 맘에 들어? ☆☆☆☆☆

 **전화번호를 내 마음대로 정한다면?**

전화번호 11자리를 네 마음대로 정할 수 있다면 몇 번이 좋을까? 그리고 그 까닭은 뭐야?

010-0211-0724. 이 번호는 내가 가장 사랑하는 두 사람의 생일을 합친 번호야. 내가 정말 사랑하는 사람이니까 그들의 생일을 매일 기억하고 싶고, 또 그렇기 때문에 까먹을 일도 없을 것 같아. 누군가가 내 생일로 전화번호를 만들면 얼마나 좋을까?

년   월   일   요일

휴, 다 썼다! 오늘 쓴 글 어때? 맘에 들어? ★★★★★

028 세상에 과일이 딱 한 종류만 남는다면?

세상에 네가 선택한 과일 딱 한 가지만 남고 모두 사라진다면, 어떤 과일을 선택할 거야?

당연히 수박. 무슨 일이 있어도 수박. 수박은 영원한 내 사랑이야.

　　년　　월　　일　　요일

휴, 다 썼다! 오늘 쓴 글 어때? 맘에 들어?

나의 신혼여행 장소는?

네가 결혼식을 바닷가 모래사장에서 하기로 했다면, 신혼여행은 뭘 타고 어디로 가서 무엇을 할래?

모래사장에서 결혼식을 마치고 나면, 바로 앞에 세워둔 통통배를 타고 무인도로 떠날 거야. 무인도에 도착해서는 가방에 챙겨 온 스피커를 꺼내 온 섬이 쾅쾅 울리도록 큰 소리로 음악을 틀어 놓고, 나의 사랑하는 배우자와 밤새도록 춤을 추고 싶어.

년   월   일   요일

휴, 다 썼다! 오늘 쓴 글 어때? 맘에 들어? ☆☆☆☆☆

030 공부할 때 나의 기분은?

🐰 너는 공부를 할 때 어떤 기분이 들어? 솔직하게 알려 줘.

정말 궁금해? 이것도 모른다고? 이 느낌을 모르겠어?

　년　　월　　일　　요일

휴, 다 썼다! 오늘 쓴 글 어때? 맘에 들어? ☆☆☆☆☆

방학 첫 날에 하고 싶은 일은?

🐝 방학을 시작하는 첫 날에 꼭 하고 싶은 일 한 가지는?

첫 날에는 무조건 늘어져야지. 아무 생각 없이, 아무 공부와 숙제와 학원도 없이

소파와 한 몸이 되어 종일 먹고, 놀고, 자고, 텔레비전을 보고, 유튜브를 보면서 하루를

보낼 거야. 아무도 내게 잔소리하지 않았으면 좋겠는데, 그게 가능할지는 모르겠어!

　　　　　　　　　년　　　월　　　일　　　요일

휴, 다 썼다! 오늘 쓴 글 어때? 맘에 들어? ☆☆☆☆☆

032 내가 가장 좋아하는 단어는?

네가 가장 좋아하는 단어를 하나만 골라 봐! 이 단어를 떠올리면 어떤 기분이 들어?

수첩. 나만의 비밀이 가득 담긴 내가 가장 좋아하는 수첩.

년   월   일   요일

휴, 다 썼다! 오늘 쓴 글 어때? 맘에 들어? ☆☆☆☆☆

 **내가 가장 크게 웃는 순간은?**

네가 가장 크게 웃는 순간은 언제야? 그 순간에 대해 자세히 말해 줄 수 있어?

당연히 유튜브를 볼 때지! 나는 요즘 허팝의 채널을 즐겨 보는데, 허팝은 어쩌면 그렇게 신기한 생각을 잘하는지 모르겠어. 그걸 보고 있으면 나도 모르게 깔깔 웃게 되더라고. 내가 크게 웃으면 엄마, 아빠가 그런 나를 흥미롭다는 듯이 쳐다보시지.

년   월   일   요일

휴, 다 썼다! 오늘 쓴 글 어때? 맘에 들어? ☆☆☆☆☆

나만의 더위를 식히는 방법은?

 너무 너무 더운 날, 무엇을 하면 좀 시원해질 수 있을까?

냉장고 문을 열고 10초 동안 얼굴을 집어 넣어 본 적이 있는데, 정말 시원하더라.

　　　년　　　월　　　일　　　요일

휴, 다 썼다! 오늘 쓴 글 어때? 맘에 들어?

10억짜리 복권에 당첨된다면?

10억짜리 복권에 당첨된다면 누구에게 가장 먼저 알려 줄 거야? 그 사람은 어떤 반응을 보일까?

우리 집 고양이 '이쁘냥'에게 말해볼 거야. 물론 이쁘냥이 나의 말을 모두 이해할 수는

없겠지만, 비밀은 확실하게 지켜줄 거라 믿기 때문에 이쁘냥에게 먼저 말하고 싶

어. 이쁘냥은 나의 복권 당첨 소식에 어떤 표정을 지을까? 생각만 해도 기대돼!

년　　월　　일　　요일

휴, 다 썼다! 오늘 쓴 글 어때? 맘에 들어?

036 내일 갑자기 30살이 된다면?

네가 내일부터 30살이 된다면 가장 먼저 하고 싶은 일은 뭐야? 그 일을 하면 어떤 기분이 들까?

슈퍼카를 한 대 사서 달려 보고 싶어.

　년　　월　　일　　요일

휴, 다 썼다! 오늘 쓴 글 어때? 맘에 들어? ☆☆☆☆☆

# 037 우리 반 담임 선생님을 소개한다면?

너희 반 담임 선생님을 소개해 줄래? 선생님은 언제 가장 크게 웃으시니? 그리고 언제 가장 크게 화를 내시니?

우리 선생님은 지금까지 내가 만난 선생님 중에 키가 가장 크시고 목소리도 가장 크셔. 그래서 웃으실 때도 크게 웃으시고, 화를 내실 때도 아주 크게 내시지. 선생님은 거짓말하는 걸 정말 싫어하셔서 누가 거짓말했을 때 가장 크게 화를 내시는 것 같아.

038 내가 가장 좋아하는 배달 음식은?

배달 음식 중 네가 가장 좋아하는 음식은 뭐니? 가장 최근에 그 음식을 먹었던 적이 있다면, 그때의 맛과 기분을 얘기해 줄래?

원할머니 보쌈과 보쌈과 함께 오는 막국수. 생각만 해도 군침이 돌아!

년   월   일   요일

휴, 다 썼다! 오늘 쓴 글 어때? 맘에 들어?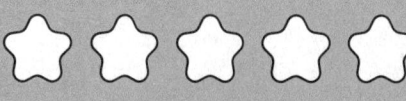

나의 상상이 현실이 된다면?

🐛 네가 생각하는 것이 모두 현실이 된다면, 어떤 생각을 해 볼래?

생각만 하면 현실이 된다고? 그렇다면 나는 내가 정말 갖고 싶었던 나만의 멋진 방을

계속 생각할 거야. 그러면 내 방이 그렇게 변한다는 거잖아? 내 방은 총 2층인데, 그중

2층은 놀이방, 1층은 공부방으로 쓸 거고, 무지개색으로 칠할 거야.

| 년 | 월 | 일 | 요일 |

휴, 다 썼다! 오늘 쓴 글 어때? 맘에 들어? ⭐⭐⭐⭐⭐

040 평생 한 가지 색깔의 운동화만 신어야 한다면?

평생 한 가지 색깔의 운동화만 신어야 한다면 어떤 색을 고를 거야? 그 색을 고르면 어떤 점이 좋고, 어떤 점이 안 좋을까?

운동화는 검은색이지.

　　　　　년　　　월　　　일　　　요일

휴, 다 썼다! 오늘 쓴 글 어때? 맘에 들어?

041 사계절 중 내 이름을 고른다면?

사계절 중에 네 이름을 하나만 골라야 한다면, 어떤 계절이 좋을까?

나는 '여름'이가 되고 싶어. 내가 예전에 읽은 동화책의 주인공 이름이 '여름'이었는데, 그 아이는 정말 착하고 예쁘고 사랑스러웠거든. 나도 여름이가 된다면 그 친구처럼 될 수 있을 것 같은 느낌이 들어! 이여름. 정말 예쁜 이름이지 않아?

| 년 | 월 | 일 | 요일 |

휴, 다 썼다! 오늘 쓴 글 어때? 맘에 들어?

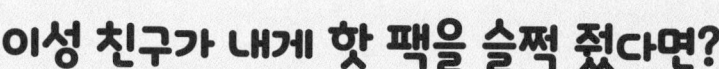

042 이성 친구가 내게 핫 팩을 슬쩍 줬다면?

추운 겨울날, 너희 반 이성 친구가 네 책상 서랍에 핫 팩을 슬쩍 넣어 놓고 갔어. 그 친구는 너를 좋아하는 걸까, 아닐까?

이거는 뭐, 좋아하는 게 확실하네. 추운 날 핫 팩은 아무나에게 주지 않거든.

　　　　　　년　　　월　　　일　　　요일

휴, 다 썼다! 오늘 쓴 글 어때? 맘에 들어?

043 잠은 꼭 자야 하는 걸까?

잠은 꼭 자야 하는 걸까?

그러게 말이야. 놀 시간도 부족한데 왜 꼭 잠을 자야 하는 걸까? 나는 잠을 꼭 자야한다고 생각하지는 않아. 아플 때만, 자고 싶을 때만, 정말 졸릴 때만 자면 좋겠어. 더 놀고 싶거나 읽던 책을 더 읽고 싶을 땐 안 자도 된다면 정말 좋을텐데.

년   월   일   요일

휴, 다 썼다! 오늘 쓴 글 어때? 맘에 들어?

저절로 글이 써지는 연필이 있다면?

🐰 종이에 대는 순간 저절로 글이 써지는 연필이 있다면 그 연필로 어떤 글을 쓸 거야?

내일까지 내야 하는 독후감 숙제를 대신 써 주겠니, 연필아?

　　　년　　　월　　　일　　　요일

휴, 다 썼다! 오늘 쓴 글 어때? 맘에 들어?

# 04 내 마음대로 손가락 개수를 정한다면?

네 마음대로 손가락의 개수를 선택할 수 있다면 몇 개로 할래?

손가락은 5개잖아. 그런데 가끔 부족하다고 느낄 때가 있어. 하루는 준비물이 많아서 종이 가방 2개를 챙겼는데, 그날따라 학원 가방과 실내화 가방까지 모두 4개를 들고 가려니 힘들더라고. 손가락이 2개만 더 있었으면 좋겠어!

046 물에 빠졌는데 뭔가 떠내려오고 있다면?

 네가 물에 빠져 허우적대는데 멀리서 하얀색 물체가 둥둥 떠내려오고 있어. 저건 도대체 뭘까? 잡아도 괜찮을까?

저건 나를 위해 하늘에서 보내 주신 구름 모양 튜브가 틀림없어!

년   월   일   요일

휴, 다 썼다! 오늘 쓴 글 어때? 맘에 들어?

047 오늘 밤에 꾸고 싶은 꿈은?

오늘 밤, 너는 어떤 꿈을 꾸고 싶니?

꿈에서 돌아가신 할머니를 만나고 싶어. 우리 할머니는 정말 따뜻한 분이셨는데, 작년에 갑자기 암으로 돌아가셨거든. 꿈에서 할머니를 만나면 같이 걸어다니면서 사진을 많이 찍고 싶어. 할머니와 찍은 사진이 적어서 늘 아쉬워.

　　　　　　년　　　월　　　일　　　요일

휴, 다 썼다! 오늘 쓴 글 어때? 맘에 들어? ☆☆☆☆☆

048 내일 급식에서 먹고 싶은 반찬은?

 내일 급식에 어떤 반찬이 나오면 밥을 싹싹 비울 수 있을까?

양념치킨 한 마리가 통째로 반찬으로 나오면 좋겠어!

년   월   일   요일

휴, 다 썼다! 오늘 쓴 글 어때? 맘에 들어?

매일 들어도 질리지 않는 말은?

아무리 들어도 질리지 않는 말은 어떤 말이야? 이 말을 들으면 기분이 어때?

'우리 아기'라는 말은 참 기분이 좋아. 엄마는 기분이 좋을 때마다 내 이름 대신에 '우리 아기'라고 부르는데, 그때마다 나는 아기로 돌아간 것 같은 행복한 기분이 들어. 나는 이제 더는 아기가 아니지만 아기처럼 사랑받는 느낌이랄까?

년   월   일   요일

휴, 다 썼다! 오늘 쓴 글 어때? 맘에 들어? ☆☆☆☆☆

050 외국인과 결혼하게 된다면?

외국인과 결혼하게 된다면 어느 나라 사람과 결혼할래? 서로 말이 안 통할 텐데 어떻게 하지?

구글 번역기가 있잖아!

년 월 일 요일

휴, 다 썼다! 오늘 쓴 글 어때? 맘에 들어?

 ## 아이스크림 VS. 팥빙수

굉장히 더운 여름날, 아이스크림과 팥빙수 중 한 가지를 먹을 수 있다면 어떤 걸 선택할 거야? 왜 그걸 선택했어?

더울 땐 팥빙수지. 물론 아이스크림도 시원하고 맛있지만, 얼음을 꽁꽁 얼려서 만든

팥빙수와는 감히 비교가 안 돼. 이가 시릴 정도로 차가운 얼음이 팥, 과일, 젤리와

함께 만들어내는 그 환상적인 맛이라니!

| 년 | 월 | 일 | 요일 |

휴, 다 썼다! 오늘 쓴 글 어때? 맘에 들어? ★★★★★

 내가 가장 좋아하는 친구는?

 네가 가장 좋아하는 친구 한 명을 소개해 볼래?

내 친구 민석이. 민석이는 정말 착한 친구야.

년   월   일   요일

휴, 다 썼다! 오늘 쓴 글 어때? 맘에 들어?

정글에서 우연히 마주친 동물은?

정글에서 길을 잃고 헤매다가 어떤 동물과 눈이 마주쳤어. 어떤 동물이니? 그 동물은 어떤 모습을 하고 있지?

그 동물은 바로 타조야. 나는 타조의 눈이 그렇게까지 커다란 줄 정말 몰랐어. 조금

과장해서 설명하자면, 타조의 눈은 내 주먹과 크기가 비슷한 것 같아. 키는 또 얼

마나 크던지, 타조와 눈을 마주치려면 고개를 한참 들어 위를 바라 봐야 해.

| 년 | 월 | 일 | 요일 |

휴, 다 썼다! 오늘 쓴 글 어때? 맘에 들어?

 쥐가 고양이 목에 방울을 단다면?

 고양이 목에 방울을 달려면 쥐들은 어떤 노력을 해야 할까?

우선, 방울을 사러 슈퍼마켓으로 출동해야겠지?

년　　월　　일　　요일

휴, 다 썼다! 오늘 쓴 글 어때? 맘에 들어?

 ## 내 자랑을 한다면?

네 몸에서 네가 가장 자랑스러워하는 부분은? 자랑 시작!

나는 손가락이 정말 길고 예뻐. 내 손을 한번 본 사람들은 다 놀랄 정도야. 나는 아

빠를 닮아 손가락이 길고, 엄마를 닮아 흰 피부를 가졌거든. 그래서인지 나는 내 몸

에서 길고 하얀 손가락이 가장 자랑스러워.

년   월   일   요일

휴, 다 썼다! 오늘 쓴 글 어때? 맘에 들어? ☆☆☆☆☆

056 가장 재미있는 게임을 뽑는다면?

네가 해 봤던 게임 중 가장 재미있었던 게임은 뭐야? 그 게임을 잘하려면 어떻게 하면 되니?

'무한의 계단'. 무조건 열심히 노력해야 해.

년　월　일　요일

휴, 다 썼다! 오늘 쓴 글 어때? 맘에 들어?

수상소감을 하게 된다면?

네가 영화배우가 되어 아카데미상을 수상하게 된다면, 소감을 발표할 때 어떤 말을 하고 싶어?

우선 이런 훌륭한 영화에 출연하게 된 것에 대해 감사 인사를 전할 거야. 영화를 찍으면서 가장 행복했던 순간에 관한 이야기도 하고 싶어. 그리고 내가 가장 사랑하는 우리 가족의 이름을 하나하나 불러줄 거야.

　　　　　　　년　　　월　　　일　　　요일

휴, 다 썼다! 오늘 쓴 글 어때? 맘에 들어? ☆☆☆☆☆

058 내가 제일 좋아하는 과목은?

🐰 학교 수업 중 가장 좋아하는 과목을 한 가지만 골라 봐! 그 과목을 왜 좋아하니?

당연히 체육이지. 이런 당연한 걸 물어 보는 이유가 뭐야?

년　월　일　요일

휴, 다 썼다! 오늘 쓴 글 어때? 맘에 들어? ☆☆☆☆☆

# 이번 주말에 먹을 간식을 고른다면?

주말엔 간식이지! 이번 주말에 먹을만한 간식을 한 가지 추천해 줄래? 이 간식을 무엇과 함께 먹으면 더 맛있니?

이번 주말은 좀 추울 거라고 하더라고. 그래서 말인데 찐빵은 어떨까? 나는 우유처럼 하얗고 부드러운 찐빵을 깨물어 그 안에 있는 팥을 먹을 때 기분이 좋고 마음까지 따뜻해지는 것 같아. 찐빵에 하얀 우유 한 잔을 곁들이면 정말 맛있어. 추천!

년   월   일   요일

휴, 다 썼다! 오늘 쓴 글 어때? 맘에 들어? ☆☆☆☆☆

060 돈 VS. 가족

 돈과 가족 중 네게 더 소중한 것을 한 가지 선택한다면 무엇을 고를 거야? 더 소중하게 느껴지는 이유는 뭐니?

나는 돈! 돈이 있어야 우리 가족이 행복할 수 있을 테니까!

　　년　　월　　일　　요일

휴, 다 썼다! 오늘 쓴 글 어때? 맘에 들어?

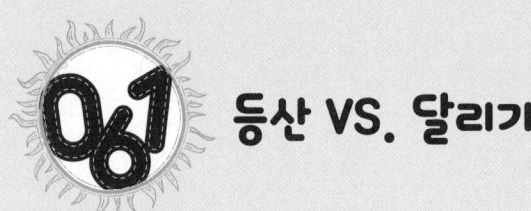

061 등산 VS. 달리기

등산과 달리기 중 네가 더 싫어하는 운동은 뭐니? 그걸 억지로 해야 할 때 너는 어떤 기분이 들어?

와, 둘 다 싫은데 어쩌지? 그래도 나는 등산이 조금 더 싫어. 등산은 천천히 걷는데도 숨이 차게 만드는 아주 지독한 운동이니까. 더구나 주말마다 아빠가 자꾸 등산을 가자고 하셔서 어디론가 확 도망가 버리고 싶을 때가 많아.

년   월   일   요일

휴, 다 썼다! 오늘 쓴 글 어때? 맘에 들어? ☆☆☆☆☆

02 구름의 색깔을 바꿀 수 있다면?

구름의 색깔을 바꿔 보자. 흰색은 심심하고 밋밋하잖아. 오늘의 구름은 어떤 색이 좋을까? 그리고 거기에 어떤 색의 하늘이 어울릴까?

구름은 보라색이 어떨까? 하늘은 핫핑크!

년   월   일   요일

휴, 다 썼다! 오늘 쓴 글 어때? 맘에 들어?

 **특별한 김밥을 만들 재료는?**

너만의 특별한 김밥을 만들어 보자. 이제껏 한번도 먹어본 적 없는 김밥을 만드는 거지! 김밥의 이름과 재료를 자세히 소개해 줄래?

김밥의 이름은 '떡볶이 김밥'이야. 나는 김밥과 떡볶이를 함께 먹는 걸 매우 좋아해. 이

두 가지를 따로 먹는 것보다 차라리 김밥 안에 떡볶이의 떡과 어묵을 넣어서 말면

어떨까? 그러면 떡볶이와 김밥을 한입에 먹을 수 있잖아! 김밥 속 단무지는 필수!

년　월　일　요일

휴, 다 썼다! 오늘 쓴 글 어때? 맘에 들어? ★★★★★

064 최고의 친구란?

너에게 있어 최고의 친구는 어떤 친구니?

내가 부반장 선거에서 2표를 받아 창피했는데, 그때 내 이름을 써 준 친구!

　　　　년　　　월　　　일　　　요일

휴, 다 썼다! 오늘 쓴 글 어때? 맘에 들어? ☆☆☆☆☆

'깡'으로 끝나는 과자 이름을 짓는다면?

새우깡, 고구마깡, 양파깡처럼 '깡'이라는 글자가 들어가는 과자를 새롭게 만들어 줘. 이름은 무엇이고, 어떻게 생겼고, 재료는 무엇인지 소개해 줘!

새롭게 나온 과자 이름은 소고기깡이야. 나는 소고기를 구워 먹는 걸 정말 좋아해. 그래서 소고기맛이 나는 과자가 나오면 정말 좋겠다는 생각을 한 적이 있어. 소고기깡은 고기처럼 불그스레한 색깔이고, 고소한 향이 솔솔 날 거야.

년 월 일 요일

휴, 다 썼다! 오늘 쓴 글 어때? 맘에 들어?

 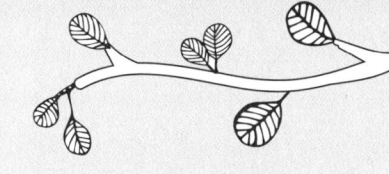 **하루 중 가장 기다려지는 시간은?**

하루 중 가장 기다려지는 시간은? 그 시간에 주로 무얼 하며 보내는지도 궁금해.

공부를 모두 끝내고 소파에 누워서 텔레비전을 보는 시간!

년   월   일   요일

휴, 다 썼다! 오늘 쓴 글 어때? 맘에 들어?

# 내년에 견학을 가게 된다면?

내년에 너희 반 친구들과 함께 견학을 간다면 어디가 좋을까? 그곳에 가면 무엇을 구경할 수 있을까?

우리 반 친구들과 이집트 피라미드에 가 보고 싶어. 너무 멀어서 힘들려나? 뭐 어때.

상상은 내 마음이지. 그곳에서 먼저 피라미드 내부를 구경한 뒤에, 피라미드 앞에서

단체 사진을 찍고, 피라미드 모양의 기념품을 구해 봐야겠어.

년   월   일   요일

휴, 다 썼다! 오늘 쓴 글 어때? 맘에 들어? ☆☆☆☆☆

068 내가 당장 버리고 싶은 한 가지는?

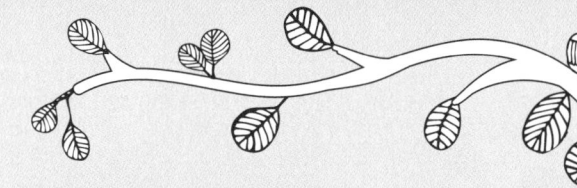

네가 가진 물건 중 당장 버리고 싶은 한 가지는? 이건 어쩌다 갖게 된 거야?

오늘 풀어야 하는 수학 문제집을 당장 버리고 싶은데, 괜찮을까?

년　　월　　일　　요일

휴, 다 썼다! 오늘 쓴 글 어때? 맘에 들어? ☆☆☆☆☆

내가 가장 멋졌던 순간은?

네가 생각해도 네 스스로 멋지다는 생각이 들게 한 행동은 언제, 어디서 했던 행동이니?

얼마 전 길을 가다 다리를 다친 고양이를 본 적 있어. 그냥 갈까 하다가 다시 되돌아와서 엄마한테 전화했는데, 엄마가 바로 와 주셨어. 우리는 그 고양이를 동물 병원에 데려가 치료 받게 해 주었는데, 내가 생각해도 나 그때 정말 멋졌어!

년   월   일   요일

휴, 다 썼다! 오늘 쓴 글 어때? 맘에 들어? ☆☆☆☆☆

내가 가장 갖고 싶은 직업은?

네가 가장 갖고 싶은 직업은 무엇인지, 그리고 그 직업을 갖게 된다면 어떤 하루를 보내게 될지 생각해 봐.

비행기 조종사가 되어야지. 아침에 일어나 공항으로 출발!

년 월 일 요일

휴, 다 썼다! 오늘 쓴 글 어때? 맘에 들어?

 가장 듣기 괴로운 소리는?

가장 듣기 괴로운 소리는 어떤 소리니? 그 소리를 들을 때 어떤 기분이 들어?

내 동생은 매일 아침마다 철제로 된 식판에 밥을 먹어. 동생은 식판을 숟가락으로 싹싹

긁어먹느라 긁하는 소리가 나는데, 나는 그 소리가 너무 듣기 괴로워. 그래서 그 소리를 좀

그만 내라고 하는데, 내가 아무리 말을 해도 안 듣네. 들을 때마다 소름 끼쳐.

　　　　년　　　월　　　일　　　요일

휴, 다 썼다! 오늘 쓴 글 어때? 맘에 들어?

02 1월 1일에 다른 음식을 먹는다면?

1월 1일에 떡국 말고 다른 음식을 먹는 풍습을 만들어 보자. 어떤 음식이 새해 첫날에 어울릴까?

새해에는 불고기 피자지.

년   월   일   요일

휴, 다 썼다! 오늘 쓴 글 어때? 맘에 들어? ★★★★★

타임머신을 타고 간다면?

 타임머신을 타고 간다면 과거가 좋겠어, 미래가 좋겠어?

나는 미래로 가고 싶어. 그것도 지금부터 정확히 50년 뒤로 말이야. 그때 나는 흰머리의 할아버지가 되어 있겠지? 그때 내가 어떤 일을 하며 어떻게 살고 있을지 정말 궁금해. 나는 그때로 갔다가 다시 현재로 돌아올 거야.

년 월 일 요일

휴, 다 썼다! 오늘 쓴 글 어때? 맘에 들어? ☆☆☆☆☆

04 만 원을 주웠다면?

🐰 학교에서 돌아오는 길에 만 원짜리 한 장을 주웠다면 어떻게 할 거야?

아, 고민되네. 이걸 어쩌지?

| 년 | 월 | 일 | 요일 |

휴, 다 썼다! 오늘 쓴 글 어때? 맘에 들어? ⭐⭐⭐⭐⭐

내가 가장 싫어하는 과목은?

가장 싫어하는 과목이 뭐야? 너는 왜 그 과목을 싫어하니?

최악은 국어야. 나는 원래 책을 안 좋아하고 글 쓰는 것도 싫어해. 그런데 국어 시간에는 거의 매일 읽고 써야 하니까 너무 지겹고 힘들어. 책을 큰 소리로 읽는 것과 자기 생각을 발표하는 시간이 되면 긴장이 돼서 가슴이 두근거리기도 해.

년   월   일   요일

휴, 다 썼다! 오늘 쓴 글 어때? 맘에 들어? ☆☆☆☆☆

06 내 이름을 바꾼다면?

네 이름을 바꿔 볼까? 새 이름으로 바꾸었을 때 사람들의 반응은 어떨 것 같아?

내 이름은 김토론.

　　　　년　　　　월　　　　일　　　　요일

휴, 다 썼다! 오늘 쓴 글 어때? 맘에 들어?

 **아파트 한 채의 가격은?**

아파트 한 채는 얼마쯤 할까? 그 가격은 적당한 가격일까?

엄마께 여쭤 보니 지금 우리가 사는 집은 전세이고, 우리 동네 아파트는 보통 5억 정도 된다고 해. 겨우 이렇게 작은 집 한 채가 5억이나 하다니. 아무리 생각해도 좀 비싼 걸? 1억 정도면 딱 좋겠는데 말이야.

년 월 일 요일

휴, 다 썼다! 오늘 쓴 글 어때? 맘에 들어?

078 내가 그림책 작가가 된다면?

네가 그림책 작가가 되어 직접 책을 쓴다면 주인공 이름은 뭐라고 지으면 좋을까?
그 주인공은 사람이야? 동물이야? 자세히 설명해 줄래?

주인공은 '호땅박사님'이야. 호랑이인데, 사자를 연구하는 연구원이셔.

년　월　일　요일

휴, 다 썼다! 오늘 쓴 글 어때? 맘에 들어?

어른은 몇 살부터?

🐛 몇 살부터 어른이라고 생각해? 왜 그렇게 생각해?

나는 25살부터 진짜 어른이라고 생각해. 그 전까지는 법적으로 성인인 건 맞지만, 군대에 가거나 대학교에 다니면서 어른으로서의 역할을 하지 못하기 때문에 진짜 어른이라고 하기는 좀 부족한 것 같아. 공부도 군대도 마치고 나면 진짜 어른으로 인정!

년   월   일   요일

휴, 다 썼다! 오늘 쓴 글 어때? 맘에 들어? ☆☆☆☆☆

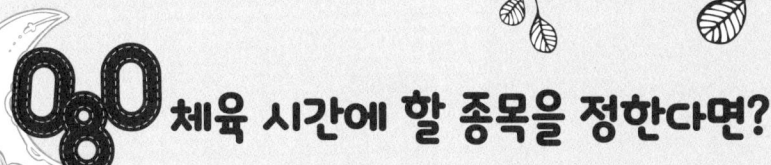

080 체육 시간에 할 종목을 정한다면?

체육 시간마다 종목을 정할 수 있다면 어떤 종목을 가장 하고 싶어? 그 종목은 어떻게 하는 운동이야?

피구, 피구, 피구!!!!

____년 ____월 ____일 ____요일

휴, 다 썼다! 오늘 쓴 글 어때? 맘에 들어?

내가 영화감독이 된다면?

네가 영화감독이 된다면 새로 제작하는 영화의 제목을 뭐라고 지을 거야? 주인공은 어떤 인물인지 소개해 줘.

제목은 〈노심초사〉야. 늘 걱정하고 불안해한다는 고사성어이고, 걱정 많은 걱정 할머니

가 주인공이야. 이 할머니는 매일 자식 걱정, 손주 걱정을 하시는데, 그 걱정은 사실

가족을 향한 따뜻한 사랑이야. 보기만 해도 따뜻해지는 가족 영화가 될 거야.

년   월   일   요일

휴, 다 썼다! 오늘 쓴 글 어때? 맘에 들어?

082 워터파크에 가면 꼭 하는 것은?

워터파크에 놀러 가면 꼭 하는 놀이가 있어? 그건 어떻게 하는 거야?

나는 워터파크에 갈 때 물총을 꼭 챙겨.

년   월   일   요일

휴, 다 썼다! 오늘 쓴 글 어때? 맘에 들어?

 ## 오늘의 날씨를 선택할 수 있다면?

오늘의 날씨를 정할 수 있다면 어떤 날씨를 선택할 거니? 그 날씨에 어울리는 옷은 뭘까?

오늘은 8월 28일이고, 원래는 한여름이겠지만 오늘의 날씨는 폭설이야. 함박눈이 10시간 동안 펑펑 쏟아지는 날이 될거야. 나는 털모자와 장갑을 단단히 챙겨 학교에 갈 거고, 눈이 많이 쌓일 것을 대비해서 눈썰매도 챙길 거야. 집에 올 때 타고 와야지.

년   월   일   요일

휴, 다 썼다! 오늘 쓴 글 어때? 맘에 들어? ☆☆☆☆☆

04 10시간 동안 쉬지 않고 걸어야 한다면?

🐰 10시간 동안 쉬지 않고 걸어야 한다면 어디부터 어디까지 걷고 싶어? 그곳에는 어떤 풍경이 펼쳐져 있니?

어차피 걸어야 한다면 미국 자유의 여신상이 보이는 강변을 걷고 싶어.

년   월   일   요일

휴, 다 썼다! 오늘 쓴 글 어때? 맘에 들어? ⭐⭐⭐⭐⭐

달의 모양을 바꿀 수 있다면?

달의 모양이 꼭 동그란 모양일 필요는 없잖아? 어떻게 바꿔 볼까?

달이 별 모양이면 정말 재미있을 것 같아. 별처럼 뾰족하고 예쁜 모양의 달이라면 사람들이 훨씬 더 달을 많이 보고 싶어 하겠지? 그리고 원래 달은 연한 노란색인데, 별 모양의 달에는 연보라색이 훨씬 잘 어울릴 것 같아.

년   월   일   요일

휴, 다 썼다! 오늘 쓴 글 어때? 맘에 들어? ☆☆☆☆☆

096  샴푸 거품 색깔을 정할 수 있다면?

샴푸통의 색깔에 따라 매번 다른 색의 거품이 나온다면, 오늘은 어떤 색의 샴푸통을 선택할 거야?

오늘은 레몬색!

년   월   일   요일

휴, 다 썼다! 오늘 쓴 글 어때? 맘에 들어?

지금 가장 보고 싶은 사람은?

지금 가장 보고 싶은 사람은 누구야? 그 사람을 만나게 된다면 가장 먼저 하고 싶은 일은?

작년에 전학 간 내 친구 서현이가 보고 싶어. 서현이는 아빠의 직장 때문에 갑자기 서울로 이사가게 되었어. 헤어지던 날, 우리가 얼마나 울었는지 몰라. 서현이랑은 지금도 자주 연락하고 지내지만, 지금 당장 보게 된다면 같이 떡볶이를 먹으러 갈 거야.

　　　　　　년　　　월　　　일　　　요일

휴, 다 썼다! 오늘 쓴 글 어때? 맘에 들어? ★★★★★

낙타에게 편지를 쓴다면?

🐰 사막에 사는 낙타에게 편지를 써 보자. 더운 날씨에 잘 지내고 있는 거니?

낙타에게. 안녕? 나는 대한민국에 살고 있는 '애호박을 사랑하는 예쁜 작가'라고 해.

년   월   일   요일

휴, 다 썼다! 오늘 쓴 글 어때? 맘에 들어? ☆☆☆☆☆

089 우리 집에서 내가 가장 좋아하는 공간은?

너희 집에서 네가 가장 좋아하는 공간은? 그곳에서 주로 뭘하니?

나는 내 침대가 가장 좋아. 내 침대에는 세상에서 가장 푹신하고 시원한 이불이 있
는데, 아빠가 4학년이 된 기념으로 사 주신 거야. 이 이불을 덮을 때마다 구름 위에
누워있는 것 같은 느낌이 들어. 나는 여기에서 뒹굴며 만화책을 주로 보는 편이야.

세상에 없던 우유를 만든다면?

바나나맛 우유를 좋아하니? 딸기맛 우유는? 자 그럼, 이제껏 한번도 먹어 보지 못한 우유를 만들어 줘!

애플망고 우유.

| 년 | 월 | 일 | 요일 |

휴, 다 썼다! 오늘 쓴 글 어때? 맘에 들어?

 ## 길을 가다 만난 사람이 한 말은?

길을 가다 어떤 사람과 툭 부딪혔는데 그 사람이 네게 이런 말을 했어. 그 사람이 네게 한 말은 무엇일까?

"우리의 만남은 우연이 아니에요. 당신을 처음 본 순간, 강렬한 운명을 느꼈습니다."

이 말을 들은 나는 좀 이상했어. 나는 이 사람과 처음 만났고, 나는 이 사람에게 어떤 특별한 감정도 느끼지 않았거든. 이 말, 믿어야 되니, 말아야 되니?

　　년　　월　　일　　요일

휴, 다 썼다! 오늘 쓴 글 어때? 맘에 들어?

092 꿈에서 만난 동물은?

꿈에서 너는 동물 한 마리와 프랑스 파리의 에펠탑에 함께 올랐어. 어떤 동물이 였는지 생각나니? 이 동물은 어떻게 생겼어?

돼지. 프랑스 파리를 여행할 땐 통통하고 귀여운 아기 돼지가 딱이지.

　년　　월　　일　　요일

휴, 다 썼다! 오늘 쓴 글 어때? 맘에 들어? ☆☆☆☆☆

103

온라인 수업에서 쓸 내 이름은?

온라인 수업할 때 네 마음대로 이름을 바꿀 수 있다면 어떤 이름으로 공부할 거야? 그 까닭은 뭐니?

내 이름을 '하늘을 나는 통돼지구이'라고 지을 거야. 이 이름에는 내가 하고 싶은 것이

모두 들어 있어. 하늘을 날고 싶고, 통돼지구이도 배터지게 먹고 싶거든. 모두 오늘 당장

일어나기 어려운 일이겠지만, 나는 내 이름에 내 소원을 담고 싶어.

년   월   일   요일

휴, 다 썼다! 오늘 쓴 글 어때? 맘에 들어? ☆☆☆☆☆

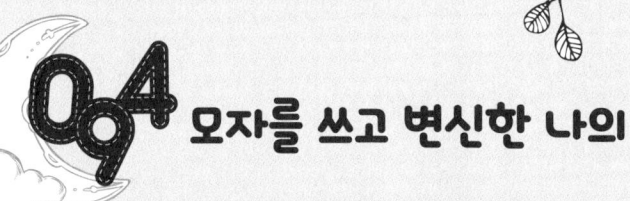

04 모자를 쓰고 변신한 나의 모습은?

빨간 모자를 쓰면 고추장으로 변신하고, 노란 모자를 쓰면 옥수수로 변신하게 된대. 그렇다면 파란 모자를 쓴 너는 무엇으로 변신하게 될까?

돌고래.

｜　　　　년　　　월　　　일　　　요일

휴, 다 썼다! 오늘 쓴 글 어때? 맘에 들어?

내가 입을 한복은 어떤 색?

조선 시대로 돌아가 한복을 입고 생활해야 한다면, 어떤 색의 한복이 너에게 어울릴까? 또 고무신은 어떤 색이 좋을까?

한복은 대부분 은은한 색이지만, 나는 짙은 색이 잘 어울리기 때문에 한복도 강렬한 색으로 고를 거야. 윗도리는 파란색, 아랫도리는 노란색으로 하고, 거기에 빨간색 고무신을 신으면 나만의 멋진 한복 패션이 완성되겠지?

　　　　년　　　월　　　일　　　요일

휴, 다 썼다! 오늘 쓴 글 어때? 맘에 들어?

096 바닷속에서 마주친 어마어마한 풍경은?

필리핀 앞바다에 뛰어들어 스노클링을 시작했는데, 바닷속에 글쎄, 어마어마하게 놀라운 광경이 펼쳐졌어. 어떤 광경이었니?

바닷속에 물고기들이 헤엄치고 있을 거라 예상했는데, 이게 웬 걸, 그건 완전히 잘못된 생각이었어.

　　　년　　　월　　　일　　　요일

휴, 다 썼다! 오늘 쓴 글 어때? 맘에 들어? ☆☆☆☆☆

물을 대체할 새로운 음료는?

물이 지구에서 사라진대! 물을 대체할 새로운 음료가 생겼는데, 그건 바로 이것! 과연 무엇일까?

물이 지구에서 사라진다는 건 정말 끔찍한 일이지만 어쩔 수 없지 뭐. 우리는 이 문제를 해결해야만 해. 물 대신 우유가 좋겠지? 우유는 물처럼 시원하면서도 너무 달지 않고, 이가 많이 썩지도 않으면서, 키가 크는 데에 도움이 되니까 말이야.

년   월   일   요일

휴, 다 썼다! 오늘 쓴 글 어때? 맘에 들어? ☆☆☆☆☆

098 콩나물의 원래 이름은?

🐰 콩나물의 원래 이름은 콩나물이 아니었대. 그럼 뭐였을까?

노랭이. 노란색 머리를 가졌잖아.

| 년 | 월 | 일 | 요일 |

휴, 다 썼다! 오늘 쓴 글 어때? 맘에 들어?

 ## 버스 기사님은 누구?

버스에 올라탔는데, 아니 글쎄, 버스 기사님이 누구였는지 맞춰 봐!

버스 기사님은 바로 대통령이었어. 대통령이 버스 기사님들의 어려움을 직접 경험해 봐야

한다고 하면서 일일 버스 기사를 하고 계셨거든. 대통령 기사님은 일반 버스 기사님들

보다 운전이 좀 서툴긴 했지만, 신나는 음악을 크게 틀어 주셔서 참 좋았어.

년   월   일   요일

휴, 다 썼다! 오늘 쓴 글 어때? 맘에 들어?

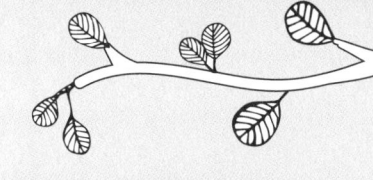

108 내가 검색창에 입력한 검색어는?

궁금한 게 있어서 검색창에 검색어를 입력한 뒤 검색을 시작했어. 네가 검색창에 넣은 검색어는 무엇이었을까?

내가 입력한 검색어는 '원숭이도 책을 읽을 수 있나요?'야.

⬜ 년 ⬜ 월 ⬜ 일 ⬜ 요일

휴, 다 썼다! 오늘 쓴 글 어때? 맘에 들어? ☆☆☆☆☆

 ## 가장 고마운 사람은?

네가 가장 고마운 마음이 드는 사람을 한 명만 꼽아 보자. 언제 그 고마움을 가장 깊이 느꼈는지도 알려 줘.

우리 엄마. 엄마는 평소에 좀 무뚝뚝하고 공부를 많이 시키지만 내가 아플 땐 정말

따뜻하게 대해 주셔. 한참 동안 안아 주시고, 기운 내라고 맛있는 음식도 많이 해

주시고, 옆에서 함께 자면서 계속 돌봐 주셔. 나는 그 때가 고맙고 좋아.

　년　　월　　일　　요일

휴, 다 썼다! 오늘 쓴 글 어때? 맘에 들어? ☆☆☆☆☆

102. 자전거를 타다 마주친 것은?

자전거를 타고 달리는데 저쪽에서 허연 무언가가 걸어오는 게 보여. 사람 같지는 않은데, 그럼 뭘까?

걸어다니는 눈사람.

| 년 | 월 | 일 | 요일 |

휴, 다 썼다! 오늘 쓴 글 어때? 맘에 들어?

BTS의 새로운 멤버는 누구?

BTS의 멤버가 1명 더 추가됐대! 그 멤버의 이름은 뭐고, 어떻게 생겼는지 알려 줘!

오호, 그래? 새로운 멤버의 이름은 '판'이 좋겠어. 뭔가 화끈하고 멋질 것 같은 느낌.

그리고 시원시원하게 노래를 부르고 춤도 잘 출 것 같은 느낌이 들지 않니? 판은 파란

색 머리를 가졌고, 키가 모든 멤버들 중 가장 클 것 같아. 당연히 잘생겼고!

　　　　　　년　　　월　　　일　　　요일

휴, 다 썼다! 오늘 쓴 글 어때? 맘에 들어? ☆☆☆☆☆

104. 내가 아는 난센스 퀴즈 하나는?

네가 아는 난센스 퀴즈 중 가장 재미있는 것 한 가지만 알려 줄래? 정답도 부탁해!

'아우디'의 반대말은?

년   월   일   요일

휴, 다 썼다! 오늘 쓴 글 어때? 맘에 들어? ☆☆☆☆☆

달나라에 사는 동물이 하는 것은?

사실 달나라에는 토끼가 아니라 다른 동물이 살고 있대. 이 동물은 매일 달나라에서 매우 재미있는 일을 한다고 하더라고. 어느 동물이 무엇을 하고 있을까?

토끼가 아니었다고? 나는 이 비밀을 진작 알고 있었지. 그 동물은 바로 돌고래야. 돌고래는 달에 있는 넓은 호수를 둥둥 떠다니며 한가로운 시간을 즐기는 편인데, 달에 가 본 우주비행사들은 모두 이 돌고래와 함께 수영을 했다고 하더라고.

년 월 일 요일

휴, 다 썼다! 오늘 쓴 글 어때? 맘에 들어? ★★★★★

106. 내가 고양이에게 들려 줄 노래는?

노래를 틀 때마다 자동으로 춤을 추는 고양이가 있어. 이 고양이에게 네가 가장 좋아하는 노래를 한 곡 들려 주려고 해. 어떤 노래니?

내가 요즘 가장 사랑하는 노래, '회전목마'!

년   월   일   요일

휴, 다 썼다! 오늘 쓴 글 어때? 맘에 들어?

행복의 숫자는 뭘까?

행운의 숫자가 '7'이라면, 행복의 숫자는 뭘까? 그 숫자가 행복을 가져다 주는 이유는 뭐라고 생각해?

내가 생각하는 행복의 숫자는 '5'야. 왜냐하면 손가락과 발가락이 각각 5개씩이기 때문이야. 예전에 텔레비전에서 손가락이 3개인 친구가 피아노 치는 모습을 봤는데, 다른 사람보다 더 힘들게 연습하고 있더라고. 그때부터 내 행복의 숫자는 5가 됐어.

　　　　년　　　월　　　일　　　요일

휴, 다 썼다! 오늘 쓴 글 어때? 맘에 들어? ☆☆☆☆☆

108 매일 아침마다 내가 먹는 약은?

네가 매일 아침마다 먹는 약이 있는데, 이 약을 먹으면 신기한 증상이 나타나. 이 약의 이름과 효능에 관해 설명해 볼까?

아, 그 약? 약의 이름은 '카나타라마파싸'인데, 이 약을 먹는 순간부터 온 세상이

하늘색으로 보이기 시작해.

　　　　　　　년　　　월　　　일　　　요일

휴, 다 썼다! 오늘 쓴 글 어때? 맘에 들어?

내가 쓴 소설의 주인공은 누구?

네가 소설을 쓰는 작가가 된다면 주인공의 이름을 뭐라고 지으면 좋을까? 주인공의 나이는? 직업은? 외모는? 성격은?

주인공의 이름은 '강하언'. 우리나라를 대표하는 최고의 영화배우이고, 나이는 28세

야. 모든 사람이 눈만 마주쳐도 쓰러질 정도의 눈부신 외모를 가지고 있고, 성격은 좀

예민한 편이야. 큰 키와 오똑한 코 덕분에 많은 인기를 누리고 있지.

년   월   일   요일

휴, 다 썼다! 오늘 쓴 글 어때? 맘에 들어? ☆☆☆☆☆

110. 지금 가장 먹고 싶은 아이스크림은?

지금 가장 먹고 싶은 아이스크림은 뭐야? 그 아이스크림의 이름과 맛을 자세히 설명해 줘.

수박바야. 수박바는 수박인지 아이스크림인지 구분하기가 힘들어.

　　　　년　　　월　　　일　　　요일

휴, 다 썼다! 오늘 쓴 글 어때? 맘에 들어? ☆☆☆☆☆

# 내가 우주에 챙겨 갈 보물 1호는?

오늘 밤, 너는 우주선을 타고 떠날 거야. 너에게 소중한 보물 1개를 가지고 갈 수 있는데, 무엇을 챙겨가면 좋을까?

우주에 챙겨 갈 만한 나의 가장 소중한 보물 1호는 바로 내 지갑이야. 내 지갑 안에

는 아무에게도 보여주지 않은 나만의 비밀 암호 쪽지가 들어있거든. 이 암호만 있으면

언제든 지구로 돌아올 수 있고, 다른 행성에도 갈 수 있어.

년   월   일   요일

휴, 다 썼다! 오늘 쓴 글 어때? 맘에 들어?

112. 당장 처리해야만 하는 일은?

🐰 네가 당장 처리해야만 하는 급한 일이 하나 있어. 무슨 일이니?

똥이지. 똥만큼 급한 일이 또 있을까?

년   월   일   요일

휴, 다 썼다! 오늘 쓴 글 어때? 맘에 들어? ☆☆☆☆☆

 눈이 많은 동네에 살 때 필요한 것은?

우리나라에서 가장 눈이 많이 내리는 동네에 살게 된다면 어떤 준비물이 필요할까? 꼭 필요한 한 가지를 골라서 그게 필요한 이유와 함께 적어 보자.

필요한 것들이 많겠지만 절대 없어서는 안 될 한 가지는 바로 스마트폰이야. 나는 눈 오는 날, 눈밭을 뒹구는 내 모습을 셀카로 남기는 걸 정말 좋아해. 셀카를 찍기에는 스마트폰만한 게 없지. 스마트폰으로 인생 사진들을 매일 건질 테야.

          년   월   일   요일

휴, 다 썼다! 오늘 쓴 글 어때? 맘에 들어? ☆☆☆☆☆

114. 내가 좋아하는 연예인은 누구?

텔레비전을 켰는데, 네가 정말 좋아하는 연예인이 나오고 있어. 누구니? 어떤 프로그램에서 무엇을 하고 있어?

바로 유재석 아저씨지. 유재석 아저씨가 조세호 아저씨랑 〈유퀴즈〉에 나오고 있네.

년   월   일   요일

휴, 다 썼다! 오늘 쓴 글 어때? 맘에 들어? ★★★★★

짜장면의 색깔이 바뀐다면?

올해부터 전국적으로 짜장면의 색깔이 바뀐다는 소문 들었어? 새롭게 바뀌는 짜장면은 무슨 색이니?

맞아, 그 소문은 나도 들었어. 지금까지 우리가 먹던 짜장면은 검은색이기 때문에

싫어하는 채소가 들어 있어도 골라내기가 힘들었어. 그래서 새로운 짜장면은 연한 분

홍색이 될 거래. 예쁘기도 하고, 안에 들어있는 재료를 확인하기도 쉽거든!

년   월   일   요일

휴, 다 썼다! 오늘 쓴 글 어때? 맘에 들어?

116 놀이터 상자 안에 담긴 것은?

놀이터에 커다란 상자가 하나 놓여 있어. 안에 뭐가 들어 있는 걸까?

상자의 크기로 봐서는 최소한 호랑이 정도 되는 것 같은데, 아무 소리도 안 나네.

년   월   일   요일

휴, 다 썼다! 오늘 쓴 글 어때? 맘에 들어? ☆☆☆☆☆

# 117 세쌍둥이의 이름을 지어 준다면?

 네가 세쌍둥이의 부모가 된다면 아이들에게 어떤 이름을 지어 줄 거야?

첫째의 이름은 '초등', 둘째의 이름은 '중등', 셋째의 이름은 '고등'이라고 지을 거야. 세

아이는 쌍둥이라서 늘 학년이 같을 텐데, 이들이 초등학생 때는 초등이가 대장, 중학생

일 때는 중등이가 대장, 이들이 고등학생 때는 고등이가 대장 역할을 하게 할 거야.

　　　　　　　　년　　　월　　　일　　　요일

휴, 다 썼다! 오늘 쓴 글 어때? 맘에 들어?

118 오징어와 문어에게 얽힌 사연은?

옛날에는 오징어와 문어가 같은 생물이었대. 그리고 어쩌다가 둘의 모습이 서로 달라졌다고 하더라고. 그 까닭을 알고 있니?

오징어와 문어의 가장 큰 차이는 바로 다리의 개수!

　　　　　　　년　　　월　　　일　　　요일

휴, 다 썼다! 오늘 쓴 글 어때? 맘에 들어?

내가 유튜브 채널을 운영한다면?

유튜브 채널을 운영한다면 그 채널의 이름을 뭐라고 지으면 좋을까? 어떤 영상을 올리고 싶어?

채널의 이름은 '낭만고양이'이고, 나는 고양이들의 애인 만들기에 관한 영상을 촬영하고 편집해서 올릴 거야. 고양이가 남자친구 또는 여자친구를 만나고, 결혼하고, 새끼를 낳고, 엄마가 되고 아빠가 되는 과정을 자세하게 영상으로 소개할 작정이지. 재미있겠지?

　　　　　　　　년　　　　월　　　　일　　　　요일

휴, 다 썼다! 오늘 쓴 글 어때? 맘에 들어? ☆☆☆☆☆

120. 내가 글을 쓸 때 하는 생각은?

글을 쓸 때, 너는 어떤 생각을 하니? 세 줄 쓰기를 하면서 들었던 생각을 몽땅 적어 봐!

어, 글쓰기가 생각보다는 아주 조금 더 재미있군.

년   월   일   요일

휴, 다 썼다! 오늘 쓴 글 어때? 맘에 들어? ☆☆☆☆☆

완주를 축하하며

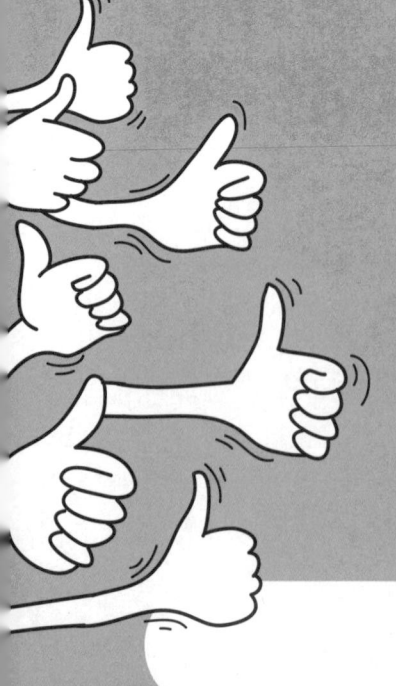

와, 120편의 세 줄 쓰기를 완성했어?
정말 대단한걸?
수고한 자신에게 칭찬의 글을 써 볼까?
이제 네 인생의 단짝 친구는 바로 너니까!

이제 글쓰기, 어렵지 않지?
120편의 완주를 진심으로 축하해!
대단해!!!

 ## 최고의 세 줄 쓰기를 발표합니다!

지금까지 완성한 120편의 세 줄 쓰기 중
네 마음에 쏙 드는 글 5편을 1위부터 5위까지 선정해 볼까?
네 마음에 드는 최고의 어휘도 뽑아 봐!

	쓴 날짜	
1위	글의 주제	
	최고의 어휘	
	쓴 날짜	
2위	글의 주제	
	최고의 어휘	
	쓴 날짜	
3위	글의 주제	
	최고의 어휘	
	쓴 날짜	
4위	글의 주제	
	최고의 어휘	
	쓴 날짜	
5위	글의 주제	
	최고의 어휘	

나만의 세 줄 쓰기

세 줄 쓰기를 120편이나 써 봤으니, 이제 네가 주제를 직접 만들어 써 보면 어떨까?
네가 만든 주제에 네가 직접 쓰는 글이라니! 생각만 해도 신나지?

| 년 | 월 | 일 | 요일 |

휴, 다 썼다! 오늘 쓴 글 어때? 맘에 들어? ★★★★★

| 년 | 월 | 일 | 요일 |

휴, 다 썼다! 오늘 쓴 글 어때? 맘에 들어? ★★★★★

이은경쌤의 초등 글쓰기 완성 시리즈
세줄쓰기

1판 1쇄 펴냄 | 2022년 7월 20일
1판 16쇄 펴냄 | 2025년 7월 20일

지 은 이 | 이은경
발 행 인 | 김병준 · 고세규
발 행 처 | 상상아카데미

등   록 | 2010. 3. 11. 제313-2010-77호
주   소 | 서울시 마포구 독막로 6길 11(합정동), 우대빌딩 2, 3층
전   화 | 02-6953-8343(편집), 02-6925-4188(영업)
팩   스 | 02-6925-4182
전자우편 | main@sangsangaca.com
홈페이지 | http://sangsangaca.com

ISBN 979-11-85402-62-8 (74800)

· KC마크는 이 제품이 공통안전기준에 적합하였음을 뜻합니다.
· 잘못 만들어진 책은 구입하신 서점에서 교환해 드립니다.

이은경쌤의 초등 글쓰기 완성 시리즈 활용법

도서	주제	이런 친구에게 추천해요	권장 학년
세줄쓰기	하루 세 줄로 글쓰기 시작!	• 글쓰기를 해 본 적 없어서 낯설고 어려운 친구 • 글쓰기 슬럼프에 빠져 아무것도 쓰고 싶지 않은 친구	전학년
전래동화 바꿔쓰기	전래동화 명장면을 새롭게 바꿔 쓰기	• 어떤 재미난 책을 읽어도 내용이 잘 기억나지 않는 친구 • 나만의 이야기를 쓰고 싶은데 막상 엄두가 안 나는 친구	1~3
주제 일기쓰기	질문에 답하면서 오늘 일기 완성!	• 일기 쓸 때마다 뭘 써야 할지 생각나지 않는 친구 • 부모님 도움 없이 혼자서도 일기를 써 보고 싶은 친구	3~5
표현 글쓰기	의성어, 의태어로 멋진 문장 쓰기	• 매일 비슷비슷한 문장만 쓰느라 글쓰기가 지겨워진 친구 • 글 잘 쓴다는 칭찬을 받고 우쭐해지고 싶은 친구	1~3
자유글쓰기	자유롭게 마음껏 긴 글 쓰기	• 자유롭게 마음껏 상상하는 것을 좋아하는 친구 • 한 장 꽉 채워 쓰기에 도전해 보고 싶은 친구	3~5
생각글쓰기	내 생각과 이유를 정리해서 쓰기	• 〈세줄쓰기〉, 〈자유글쓰기〉를 써 보면서 자신감이 붙은 친구 • 논술에 도전해 보고 싶지만 아직은 자신이 없는 친구	5~중1
기본 책읽고쓰기	읽은 내용을 짧게 정리하기	• 책 읽는 건 좋아하지만 독서록은 아직 안 써 본 친구 • 독서록을 써 봤지만 힘들어서 다시는 안 쓰고 싶은 친구	1~3
심화 책읽고쓰기	읽은 내용을 글로 정리하기	• 독서록 숙제를 해 봤는데, 정말 겨우겨우 써서 낸 친구 • 책을 읽고 나서 내 생각을 정리해 보고 싶은 친구	3~5
왜냐하면 글쓰기	질문에 답하면서 선택과 이유 쓰기	• '왜'라는 질문에 늘 '그냥'이라고 대답했던 친구 • 논리가 무엇인지, 논술이 무엇인지 어렵기만 한 친구	1~3
기본 교과서논술	주장과 까닭을 쓰며 논술 맛보기	• 〈왜냐하면 글쓰기〉, 〈생각글쓰기〉를 써 본 친구 • 논술을 써 본 적은 없지만 시도해 보고 싶은 친구	3~5
심화 교과서논술	진짜 논술 실력 다지기	• 기본 〈교과서논술〉, 〈논술 쓰기〉를 써 본 친구 • 중학교 입학을 앞두고 탄탄한 논술 실력을 다지고 싶은 친구	5~중1
논술 쓰기	개요를 작성하며 주장하는 글 쓰기	• 글쓰기 경험은 많지만 논술은 써 본 적 없는 친구 • 다른 학원에 가느라 논술 학원을 다닐 시간이 없는 친구	3~5
기본 주제 요약하기	글의 핵심을 찾아 쓰기	• 기본 〈책읽고쓰기〉, 〈자유글쓰기〉를 써 본 친구 • 재미있게 글을 읽었는데도 요약해서 설명하기 어려운 친구	3~5
심화 주제 요약하기	비문학 글에서 주제 찾아 쓰기	• 심화 〈책읽고쓰기〉, 〈자유글쓰기〉를 써 본 친구 • 신문 기사를 읽고 어떤 내용인지 잘 이해가 안 가는 친구	5~중1
수행평가 글쓰기	과목별·유형별로 수행평가 대비	• 심화 〈주제 요약하기〉, 기본 〈교과서논술〉을 써 본 친구 • 보고서 쓰기가 어려운 친구	5~중1

* 영어도 대비하고 싶다면? 영어 한줄쓰기 ▶ 영어 세줄쓰기 ▶ 영어 일기쓰기